卵《たまご》より先《さき》のニワトリばなし

上方文化評論家
福井栄一 著

技報堂出版

はじめに

ニワトリと日本人との関係は、
唐揚げと目玉焼きに尽きるものではありません。
恋人たちの逢瀬の場で、
天下分け目の戦のさなかに、
あるいは、新しい素敵な一日の始まりにあたって、
ニワトリは、忘れがたい点景となっています。

よりどりみどりのニワトリばなしを、
存分にお楽しみ下さい。

目次

目次

1 命を救うニワトリ

むかし、ある男が、長年連れ添った女房を離別した。理由は分からない。女房は当然のごとく夫を恨み、痛嘆した。そして、悲しみのあまり病床に伏し、数ヶ月のあいだ患《わずら》った後、この世を去った。

女房には、父母も身寄りも無かったので、亡骸《なきがら》は放置された。亡骸は朽ちていったが、その髪は抜け落ちることなく、骨もばらばらにならずに、五体の形をそのまま残していた。

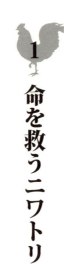

隣人たちは、戸の隙間《すきま》から中を覗《のぞ》きこみ、そうした様子を見て、恐れおののいた。

更に、その家の中では、正体不明の青い光が明滅してやまなかったので、目にし

た者は恐怖にかられて逃げ惑《まど》った。

夫は、この話を聞いて、肝を潰した。

「俺を恨みながら死んでいったあいつのことだから、俺をとり殺そうとするに違いない。

なんとかしなければ・・・。」

夫は、早速、ある陰陽師へ泣きついた。

すると、陰陽師が言うには、

「ウーム、これは容易ならざる事態じゃ。まったくお手上げというわけではないが、相当の荒療治が必要だ。いいかね、それがどんなに恐ろしいことであっても、わしの言った通りにするんですぞ。よろしいか?」

こう念を押すと、陰陽師は、日没を待って、男を女房の家へ連れて行った。話を聞くだに恐ろしい例の家へ実際に出向くのだから、男のおののきは尋常ではなかったが、陰陽師を信頼して渋々同道した。

さて、亡骸を見ると、噂の通り、髪は抜け落ちず、骨格もそのままである。

陰陽師は、男を亡骸の背に馬乗りにさせると、死人の髪を男にしっかりと握らせ、

「何があっても、この髪を放してはなりませんぞ」

きつく言い聞かせておいて、自分は呪文を唱え、祈祷を始めた。

やがて、

「わしは一旦、この場を離れる。おまえさんは、次にわしがここへ来るまで、ずっとこうしているのじゃぞ。何があろうと、じっと我慢するのじゃ。よいな？」

と言い残すと、陰陽師は去って行った。

残された男は生きた心地がしなかったが、仕方が無い。死人の髪を握りしめたまま、ぶるぶる震えていた。

そうこうするうちに、夜が更《ふ》けていった。

真夜中ごろのこと。

それまで横たわっていた死人が、

「ああ、なにやら重たい」

とつぶやきながら、突如、むくりと立ち上がり、

「さあ、あの憎らしい亭主を見つけ出してやる」

と言いながら、家の外へ走り出た。

それからというもの、死人は、どことも知れず、ずんずん遠くまで進んで行った。

その間じゅう、男は、振り落とされないように必死で死人の髪を掴《つか》んでいた。

しばらくすると、死人は引き返して家へ入り、元の通りに横たわった。男は髪を握りしめ、背中にとりすがるばかり。

そのうちに、夜明けを告げる鶏の声があたりに響くと、死人は声も発せず、身動きひとつしなくなった。

こうして夜が明けると、陰陽師が戻って来た。

「昨夜は身も凍るような体験をしたことじゃろう。それでも、ちゃんと髪を放さずにいたかね？」

と訊ねるので、男が、

「ハイ、お言いつけ通りに致しました」

と答えると、陰陽師は再び死人に向かって呪文を唱え、祈祷してから、

「これで済んだぞ。さあ、帰ろう」

と言って、男を家へ連れ帰った。

やがて、陰陽師から、

「もう、とり殺される恐れはない。安心せい」

と告げられ、男は涙ながらに陰陽師を拝み、感謝した。

この一件の後、男には何ら不吉な事は起こらず、長寿を全《まっと》うしたという。

（『今昔物語集』巻第二十四 第二十話）

ミニコラム❶：にわとりの語

「にわとり」とは、「庭の鳥」のこと。世界各国で古くから飼われてきた故、単に「とり」と言えば鶏を意味することが多い。たとえば、「焼き鳥」は通常、鶏肉の串焼きを指す。

2 卵を盗られたニワトリ

むかし、震旦《しんたん》の隋の開皇《かいこう》初年のころのこと。

ある村に、ひとりの男が、息子と暮らしていた。

十三歳になる息子は、隣家が鶏を飼っているのをよいことに、しばしばその卵を盗み、焼いて喰っていた。

ある日の早朝のこと。

誰かがこの男の家の門を叩き、なにやら叫んでいる。

男が寝床《ねどこ》の中で耳を澄ませると、どうやらその声の主《ぬし》は、自分の息子を呼んでいるようだった。

男は息子を揺すり起こし、応対に出させた。

息子が門口まで出ると、そこには一人の使者が立っていて、

「おまえには、役所の呼び出しがかかったのだ。すぐに出頭せよ」

と言う。

息子は驚き、

「ええっ？　お上《かみ》がわたしにいったい何のご用でしょう。ともあれ、今のわたしは裸同然《はだかどうぜん》です。奥へ入って、何か着て参ります」

と答えたが、使者はその言葉を無視して、そのままその子を引っ立てて行った。

やがて、二人は、村の門から外へ出た。あたりは田地であったが、その時季はまだ何も植わっていなかった。

見れば、道の右側には、小さな城が建っていた。東西南北に楼門《ろうもん》を擁し、柱・

桁《けた》・梁《はり》・扉などは、ことごとく赤色に塗られて、えらくものものしい。

なんにせよ見慣れぬ城なので、子は首をかしげ、

「こんなところに、こんなお城がいつ建ちました？」

と使者に訊ねた。

しかし、使者は答えない。

そうこうするうち、二人は城の北門の前までやって来た。

子は、促されて、門の内へ入った。

すると、突然、門がひとりでに閉まった。

城の内側は無人で、家屋も一切、見あたらない。

例の使者は、門の中へは入って来なかった。

城内の地面は、どこもかしこも熱い灰で覆《おお》われ、焼け砕《くだ》けた火が分厚《ぶあつ》い層をなしている。

足を踏み入れると、くるぶしまでずっぽりと埋まってしまうほどであった。

子は大声を上げて南門のところまで駆けて行き、そこから出ようとしたが、南門はすぐさま閉じてしまった。

東門、西門、北門と順番に駆け寄ったが、同じだった。

どの門も、なにもない時は開いているのに、子が近づくとひとりでに閉まってしまう。そして、子が離れると、またしても開くのであった。子はぐるぐると駆け回ったが、どうしても外へ出ることが出来なかった。

さて、この時、村人たちが田までやって来て見ると、例の男児が、獣のような雄叫びを上げながら、田の中をぐるぐると走り回っている。皆は顔を見合わせて、

「あの子は気でも狂ったのか。なんで、田の中を駆け巡っているのだ」

と言いあった。

しかし、そうした間もずっと、男児は迷走をやめない。

そうこうするうちに日も高くなり、昼飯時《ひるめしどき》になったので、鍬《くわ》を持った人たちも、ひとまず村へ帰った。

村へ戻ると、例の男児の父親に出くわした。

「うちの倅《せがれ》がどこへ行ったか、ご存じありませんか。今朝早く、誰かに呼び出されて家を出たまま、帰って来ないのです」

と心配顔《しんぱいがお》なので、ある者が教えてやった。

「ああ、おたくの息子さんかね。そんなら、村の南の田にいたよ。ひとりで田の中を走り回って遊んでいた。戻って来るように言ったんだけど、駄目だったんだ。」

これを聞いて、父は、田へ急いだ。

見れば、村人たちの言葉通り、息子は奇声をあげながら、田の中をかけずり回っている。

父は驚いて、息子の名を大声で呼んだ。

すると、その瞬間、子の視界からは、城も、灰も、火の層も消えてしまい、ふと気づくと、子は田の中にいた。父の姿が目に入るや、子は地面に倒れ伏して、号泣した。そして、一連の出来事を父に語って聞かせた。

父は半信半疑で聞いていたが、息子の足を見て、驚倒した。膝から下は、炙《あぶ》りもの（焼き肉）のように、酷《むご》く焼けただれていた。脛《すね》の半分から上の部分は、焼け焦がれて血みどろだった。

父は息子を抱きかかえて帰宅すると、嘆き悲しみつつも、息子の足の治療に全力をあげた。

その甲斐あってか、腿《もも》から上は、肉が盛り上がって傷がふさがり、なんとか原状に復した。

しかし、膝から下は白骨化して、もとには戻らなかった。

騒ぎを聞きつけた人が、改めて例の田の様子を見に行ってみると、男児の足跡こそ、地面にたくさん残っていたが、灰や火の類《たぐい》は、どこにも見あたらなかった。

男児のこうした受難は、ひとえに、鶏卵を盗み喰らい、本来、孵《かえ》るべき命を奪った報いであろう。

この一件以後、村人たちは、仏教の戒律を守り、殺生の禁をおかさないようになったという。

（『今昔物語集』巻第九 第二十四話）

ミニコラム❷：とりの語

「とり」の語源には諸説ある。「トビヲリ（飛居）の意」、「人間がトル（捕る）からトリ」等。「かつて伝令に使われたので、タヨリ（便り）の意」という、凝った（苦しい？）説明もある。

3 夢に現れるニワトリ

むかし、尾張国に住んでいた、ある母のはなし。

母は、子どもたちに食べさせるために、鶏の子をたくさん殺した。

ある夜のこと。

見知らぬ女が、母の夢の中に現れた。女は、すやすやと眠る子どもの枕元に座ると、

「子どもって、本当に可愛いものだ、可愛いものなんだよ」

とつぶやきながら、恨めしそうに泣きじゃくった。

母は、ぞっとして、はっと目を覚ました。

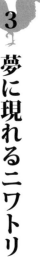

それからしばらく経つと、その子は病気にかかり、あっけなく死んでしまった。

やがて、その子の弟も具合が悪くなった。

母の夢には、またしてもあの女が現れ、一人目の子どもの時とまったく同じ科白《せりふ》を口にしながら、さめざめと泣いた。

その後、弟までも死んでしまったという。


（『沙石集《させきしゅう》』巻第九）

ミニコラム❸：酉の語

酉は本来、酒壺をかたどる象形文字。ただ、「緍《しゅう》」（縮む）と解せば、植物の果実が極限まで熟れた状態をあらわす。陰暦でいえば、八月を指す。

4 警察犬より優秀なニワトリ

ある時、法華宗の坊さんが、あやまって橋から川へ落ち、そのまま浮かんで来ない。

信者たちは舟を出して、遺骸を捜したが、どうしても見つからなかった。

困っていると、ひとりの物知りが言った。

「こんな時には、舟に鶏を乗せて川面《かわも》へ漕ぎ出るとよい。舟が遺骸の沈んでいるちょうど真上にさしかかると、夜明けでもないのに、鶏がはばたいて鳴き声を上げる、と何

かの本で読んだことがある。」

そこである者が早速、鶏を舟に乗せて、川へ出てみた。

しばらく舟を漕ぎ進め、淵にさしかかると、鶏が急にはばたき始めた。その淵の底に坊さんが沈んでいるとみえて、とうとう鶏が鳴いた。

「ほっけぼうず～！」

（小咄《こばなし》）

ミニコラム❹：酉年生まれの人の運勢

若年は良けれども、二十二、三歳で災いに遭うことあり。中年は親兄弟の縁薄く、孤立することあり。特に四十二、三歳は慎むべし。老年は良く、富貴繁昌なるべし。守り本尊は不動明王なり。

5 闘うニワトリ

雄略天皇七年八月のこと。

吉備弓削部虚空《きびのゆげべのおおそら》は、休みを貰って家へ帰った。吉備下道臣前津屋《きびのしもつみちのおみさきつや》は、その虚空を手元に留めてこき使い、何ヶ月経っても、都へ戻ることを許さなかった。

そこで、雄略天皇は、身毛君大夫《むげのきみますらお》を使者に立て、虚空を召し出した。

虚空がようやくのことで参内して、奏上したことには、

「前津屋は、少女を天皇方《がた》、大女を自分の側《がわ》と見立てて、二人を闘わせました。そして、予想に反して少女が勝ちをおさめると、み

ずから刀を抜いて、少女を殺しました。また、小さな雄鶏《おんどり》を『天皇の鶏』と呼んで毛を抜き翼を剪《き》り、大きな雄鶏は自分の鶏ということで鈴と金属製の蹴爪《けづめ》を付けて、二羽を闘わせました。毛を抜かれた小さな雄鶏が勝つや、またもや抜刀して、雄鶏を殺しました。」

天皇はこれを聞き、三十人の兵士をさしむけ、前津屋とその一族合わせて七十人を誅殺《ちゅうさつ》した。

（『日本書紀』巻第十四）

ミニコラム❺：鶏と牛

「鶏口となるも牛後となるなかれ」は、「大きなものの一番後ろより、小さなものでもその頭になる方がよい」という意味。ただし、他方で「お山の大将」とそしられる可能性も否定できない。

6 グルメ指南のニワトリ

鶏の肉については、物の本に、「五色のもの、黒い鶏で首だけが白いもの、指六本あるもの、蹴爪《けづめ》が四本あるもの、死んでいるのに足の伸びないものなどは、食べると有害」、

「去勢された雄鶏でしきりに鳴くものは、有毒。四月に抱卵している鶏の肉も、食べてはいけない。それらは、腫れものや精力減退を引き起こし、男女を虚乏させる」、「兎の肉と一緒に食べると、下痢を起こす。魚の汁と一緒に食すると、心臓が悪くなる」

などと書かれている。

これらの記述には、頷《うなず》ける点がなくもないが、さりと

て、その悉《ことごと》くを信じる必要もない。時宜に従うのがよかろう。

（『本朝食鑑《ほんちょうしょっかん》』禽部之二）

ミニコラム❻：鶏の家畜化

ニワトリは、キジ目キジ科の鳥。原種は、東南アジア産のセキショクヤケイか。最初に家畜化された時代と地域については百家争鳴だが、紀元前四千年ごろにインドか東南アジアあたりで、というのが穏当。

7 大喜びのニワトリ

出雲大社の神主の姫君が、ある人から白い鶏のひなを貰い、初雪と名づけて、大切に育て、朝夕、一緒に遊んでいた。

ところが、ある朝、姿が見えないので、侍女が捜してみると、鳥屋《とや》で冷たくなっていた。

姫君はその知らせを聞いて大いに嘆き悲しみ、近所の女たちを集めて、菩提を弔ってやった。

すると、中空に白い塊のようなものが現れた。

雲かと思ったが、そうではない。

それが徐々に近づいて来るので、よくよく見ると、なんと真っ白な初雪だった。死んだはずの初雪が、大空から姫君の前へ舞い降り、いかにも懐かしげな様子で佇《たたず》んでいる。

やがて初雪は、

「念仏の功力《くりき》のお陰で、私は極楽へ到り着き、他の鳥たちと一緒に、宝樹《ほうじゅ》の梢《こずえ》を飛びまわっております。日々、楽しみが尽きません」

と言い残して、飛び立った。

そして、しばらくの間、あたりを飛びまわっていたが、やがて何方《いずかた》ともなく、姿を消してしまった。

（謡曲『初雪』）

ミニコラム❼：日本への伝来

鶏の日本への伝来は、おそらくは紀元前2、3世紀ごろ、中国大陸からだったとされる。各地の遺跡から出土した骨から体格を推定するに、現代人が見慣れているサイズよりも小型だったらしい。

8 恋しいあの人とニワトリ①

むかし、ある男が、ふらふらと陸奥《みちのく》へ出かけて行った。
そこに住む女は、都人《みやこびと》を素晴らしいと思ったらしく、一途な恋心《こいごころ》を抱いた。
そこで女は、思いのたけを歌にして、男へ贈った。

なかなかに　恋に死なずは　桑子《くはこ》にぞ
なるべかりける　玉の緒《お》ばかり
（なまじ恋焦がれて死んでしまうより、夫婦仲の
睦まじい蚕《かいこ》にでもなってしまいたい。

たとえ束の間の命であろうとも。）

田舎者だけに、詠んだ歌もこのように田舎くさかった。

ともあれ、男は、女の一途な想いに心動かされたのか、女を訪ねて、一夜を共にした。

次の日。

男は、まだ夜が明けぬうちに、帰ってしまった。

そこで、女は、

夜も明けば　きつにはめなで
くたかけの
まだきに鳴きて　せなをやりつる

（夜が明けたら、あの憎らし

い鶏のやつを、
用水槽《きつ》へ叩きこんでやるわ。
あいつが早々と鳴いて夜明け
を告げたものだから、
愛しいあの人がこんなにも早
く帰ってしまったのよ。）

と、情愛の深い歌を詠んだ。
一方、男の方は、「京へ戻るから」
と言って、
栗原《くりはら》の　姉歯《あねは》の松の　人ならば
都のつとに　いざといはましを
（あなたが、栗原の姉歯の松
のように相応の女性で
あるならば、陸奥《みちのく》土産として、

都へお連れしますのに・・・。）

という別れの歌を返した。

にもかかわらず、女は、それを聞き、「あの人は、やはり私のことを大切に思って下さっていたのだ」と曲解して、ひとり悦に入っていた。

（『伊勢物語』第十四段）

ミニコラム❽：インドの叡智

インドの諺曰く、「鶏鳴かずとも朝は来る。」鶏が鳴いたから朝が来るのではない。自分がいなければ世の中は回らない、とうぬぼれる人を諌めることば。自然の理法は人間の営為を凌駕する。

9 恋しいあの人とニワトリ②

歌舞伎の若衆《わかしゅう》たちの慰《なぐさ》みごとは、流行《はや》り廃《すた》りが激しい。

聞香《もんこう》（数種類の香を嗅《か》ぎ分ける遊び）が流行《はや》ったかと思うと、次は楊弓《ようきゅう》（遊技用の小弓）がもてはやされた。

音羽山の鈴虫、逢坂山の轡虫《くつわむし》、住吉の松虫などを籠に入れ、夜分にその鳴き声を楽しむ遊びが廃《すた》れると、秋の末からは、皆が貝集めに熱中した。

そして、その後に人気を集めたのが、暹羅《しゃむ》（タイ国の旧称）の鶏合《とりあ》わせであった。

ある時、小曝《こざらし》という若衆が、暹羅の鶏を集めて、闘鶏《とうけい》の会を始めた。

八尺四方の土俵の中で、二匹の鶏を闘わせる。裁《さば》き役の行司もちゃんといて、勝敗を明らかにしてくれる。それぞれは、血湧き肉躍る見物《みもの》であった。

土俵の左右には、鉄石丸《てっせきまる》、火花丸《ひばなまる》、川端韋駄天《かわばたいだてん》、暹羅のねじ助《すけ》、八重のしゃっ面《つら》、磯松大風《いそまつおおかぜ》、伏見の利根《りこん》、中の嶋無類《むるい》、前の鬼丸、後《のち》の鬼丸、天満の力蔵《りきぞう》、今日の命知らず、今宮の早鐘《はやがね》、脇見ずの山桜《はやざくら》、夢の黒船、髭《ひげ》の樊噲《はんかい》、神鳴《かみなり》の孫介《まごすけ》、さざ波金碇《なみかないかり》、くれないの竜田、今不二《いまふじ》の山、京の地車《じぐるま》、平野の岸崩《きしくず》し、寺島のしだり柳、綿屋の喧嘩母衣《けんかぼろ》、座摩《ざま》の前の首白《くびしろ》、尾なし金平《きんぴら》など、名鳥が勢揃いしていた。

見物衆は、強い鶏に熱狂し、大枚《たいまい》のお金をつぎ込んでしまうのであった。

小曝は、名だたる鶏を三十七羽も庭籠《にわこ》に入れて飼い、平素から自慢の種にしていた。

さて、ある日の夕方のこと。

小曝の元に客がやって来て、一夜を共にした。その客は、小曝のお気に入りであった。

床《とこ》の中で、客の男は言った。

「八つ（午前二時）の鐘が鳴ったら、帰らないといけない。俺が寝ていても、起こしてくれよ。いいね？」

勤《つと》めとはいえ、好いた男といると、時間の経つのは早いもの。そうこうするうちに、小曝には気の毒なことながら、八つの鐘が鳴り出した。

小曝は、なんのかんのと男に話しかけて、鐘の

音をまぎらわそうとしたが、男はそれを聞き逃さず、

「おや、もう八つだ。早く帰らないと・・・」

と言う。

「いえいえ、まだそんな時刻ではありませんよ」

「いいや、たしかに俺には聞こえたぞ。あれは八つの鐘の音だった。」

「違いますよ、あれは九つの鐘ですよ。まだお帰りにならなくても、大丈夫ですよ」

などと二人で言い争っているうちに、庭の三十七羽がいっせいに鳴き出した。

男は、

「それ見たことか。もう夜明けじゃないか。だから、言わんこっちゃない」

と愚痴りながら寝床を抜け出すと、いつものように忍び駕籠《かご》に乗って、帰って行った。

小曝は、名残《なごり》を惜しんだが、もはやどうしようもない。泣きながら、まだ夜の明けきらない庭先へ出ると、

「おまえたち、飼い主である私の恋路を邪魔するだなんて、いったいどういうつもりなんだ?」

と責めつつ、一羽残らず、追い払ってしまったという。

(『男色大鑑《なんしょくおおかがみ》』巻八)

ミニコラム❾:鶏と鶴

「鶏群の一鶴」とは、鶏の群れにいる一羽の鶴ごとく、凡人の群れに傑物が一人だけいることをあらわす。「鶴の一声」という言い回しもそうだが、古来、鶴がいかに珍重されてきたかが分かる。

10

ことわざのニワトリ

「一鶏《いっけい》鳴かば、万鶏《ばんけい》歌う」

安易に他人の意見に同調する様子。


「雄鶏《おんどり》が卵を生む」

あり得ないことのたとえ。

「鶏犬《けいけん》、雲に吠《ほ》ゆる」

取るに足らない者が、分不相応な栄誉を受けるたとえ。

「卵を見て時夜《じや》を求む」

まだ卵のうちから、鶏（成鳥）となって時を告げるのを期待するが如く、性急に成果や効果を求めること。

「陶犬瓦鶏《とうけんがけい》」

瀬戸物の犬と素焼きの鶏。転じて、それらしい形が具《そな》わっているだけで、何の役にも立たないこと。

「鶏冠《とさか》にくる」

頭にくる、腹を立てる、という意味。

「牝鶏《ひんけい》（めんどり）に突《つっ》かれて時をうたう」

牡鶏《ぼけい》（おんどり）が牝鶏にくちばしで突かれ催促されて、ようやく夜明けの鳴き声をあげるが如く、夫が妻の尻にしかれている様子。

（口承）

ミニコラム⑩：鶏と牛刀

「鶏を割くにいずくんぞ牛刀を用いん」とは、「小事を処理するのに、大仰な仕掛けは不要」という意味。しかし、この世では時として、小事が命取りになることもある。油断大敵である。

11 お調子者のニワトリ

お百姓さんが、野良仕事を終えて帰ろうとすると、上空を飛ぶ烏《からす》が、

「クワァ〜、クワァ〜。」

お百姓さん、はっと心づき、

「おお、もう少しで、鍬《くわ》を置いたままで帰るところやった。オーイ、烏よ、よう教えてくれたなあ。おおきに、おおきに。」

ニコニコしながら家へ帰ると、庭先で放し飼いにしている鶏たちが寄って来て、

「クゥ〜、クウッ、クウッ、クウッ」

お百姓さん、おおいに気分を害し、鶏たちを叱りとばします。
「コラッ！　おまえらは、どういう料簡《りょうけん》じゃ。
人の顔を見たら、『喰う、喰う、喰う』と、
餌ばかり、ねだりおってからに・・・。
ちょっとは、あの烏を見習え。
最前《さいぜん》も、
わしが鍬を田に置き忘れてたら、
ちゃんと鳴いて知らせて
くれおったぞ。
あいつらには、
餌なんか一度も
やったこともないのに、
ほんまに、えらい奴《や》っちゃ。」
これを聞いた鶏が、

「取ってこぉか〜？」
「もういまさら、遅いわい！」

（小咄）

ミニコラム⓫：鳥目《とりめ》のこと

鳥は夜目《よめ》がきかない故、夜盲症のことを「鳥目」という。但し、実際には、鶏以外の鳥類の多くは暗闇でも相当に目がきくし、梟のような夜行性の種なら、人間の目の数十倍の感度を誇る。

12 天下分け目のニワトリ

源義経の軍勢は、周防（山口県の東部）の地へ渡り、兄である源範頼《のりより》軍と合流した。

一方、平家軍は、長門国引島《ながとのくにひくしま》（山口県下関市彦島）に到着した。

思えば、源氏軍は、かつて阿波国勝浦に着き、その後の八島の戦《いくさ》では地名の示唆する通りに、みごと勝利した。

今回の戦で源氏軍が着いたのは、長門国追津《おいつ》（下関沖に浮かぶ満珠島）である。

敗れた平家が「引島」に退き、それを追う源氏が「追津」に着く。なんとも不思議な偶然である。

さて、熊野別当湛増《くまのべっとうたんぞう》は、源平どちらの陣営に与《くみ》するべきか、いまだ態度を決めかねていた。そこで、田辺の新《いま》熊野の社《やしろ》で神楽を奉献し、熊野権現にお伺いを立ててみた。

すると、

「白旗（源氏方）に与するべし」

とのご託宣があった。

湛増はこれをすぐには信じず、白い鶏七羽と赤い鶏七羽を取り寄せると、権現の前で闘わせてみた。

その結果、赤い鶏は一羽残らず敗れ、逃げ去ってしまった。

これを見届けた湛増は、源氏方につくことを決意した。

早速、一門を召集し、二千余名の軍勢を二百余艘《そう》の船に乗せ、若王子《にゃくおうじ》のご神体を奉載《ほうさい》して、壇ノ浦へ攻め寄せた。掲げた旗の横木《よこぎ》には、金剛童子《こんごうどうじ》が描かれていた。

これを見て、源平両軍とも礼拝した。

が、この船団が源氏に味方するのが分かると、
平家軍の士気は大いに下がった。

また、伊予国（愛媛県）の
河野四郎通信《かわのしろうみちのぶ》も、
百五十余艘の兵船《ひょうせん》で
漕ぎ寄せて来て、
源氏軍に加わった。

義経には、こうした援軍が
心強く思われた。

この結果、
源氏軍の船は
三千余艘となった。
対する平家軍の船は
千余艘で、

その中には唐船《とうせん》も数艘、混じっていた。
源氏軍は勢いを増し、平家軍の形勢は不利になりつつあった。

（『平家物語』巻十一）

ミニコラム⓬：鳥目《ちょうもく》のこと

鳥目と書いて「とりめ」と読めば夜盲症のことだが、「ちょうもく」と読めば銭貨を指す。昔の中国で鋳造された銭貨は円形で、中央に孔が穿たれていた。その形状を鳥の目に擬した語。

13 鳴き真似されるニワトリ

藤原行成様が、職《しき》の御曹司《みぞうし》（大内裏にあった部屋のひとつ）に参上なさって話し込むうちに、夜が更《ふ》けてしまった。

「明日は、主上《しゅじょう》の御物忌みの日だ。私は殿上《てんじょう》に詰めねばならないから、丑の時《とき》（午前二時〜四時）になるとまずい」

というわけで、そのまま宮中へ参内《さんだい》なされた。

翌朝届いた手紙には、

「先般は、中座してしまい、大変、心残りでした。

本当であれば、ゆっくりと昔ばなしなどして、夜を明かしたかったのですが、鶏の声に帰りを急か《せ》されてしまいまして・・・」

とあった。わざと後朝《きぬぎぬ》の文《ふみ》めかして書いておられるのが、素敵だ。

そこで、返書に、

「おっしゃっておられるのは、孟嘗君《もうしょうくん》の逸話（戦国時代、斉《せい》の孟

嘗君は、追われて、夜半に函谷関《かんこくかん》に至った。関は、鶏鳴があるまでは開かないのが定法《じょうほう》。そこで、随伴者の一人に命じて鶏の鳴き声を真似させ、まんまと関を開けさせて逃げ果《おお》せたという故事）にあるような鶏の声のことでしょうか？」

としたためると、折り返し、

「いえいえ、私が気にしておりますのは、孟嘗君が通った函谷関云々《うんぬん》ではなく、あなたと私を隔てている逢坂の関が開くかどうか、ということなのです」

と書いた手紙が届いたので、

「夜《よ》をこめて　鳥のそら音《ね》は　はかるとも　よに逢坂の　関はゆるさじ

心かしこき関守《せきもり》はべり」

（深夜、鶏の鳴き真似をして関守をだまし、まんまと関を通ろうとしても無駄ですよ。かの函谷関は通れても、（あなたと私が）「逢う」という名の逢坂の関は、通れません。だって、私という、しっかり者の関守がおりますから。）

と返書した。

すると、

「逢坂は　人越えやすき　関なれば
鳥鳴かぬにも　あけて待つとか」

（逢坂の関は、函谷関と違い、人が容易に往来出来る関です。従って、鶏が鳴かずとも、扉を開けたまま、恋しい人がやって来るのを待つのでしょうね。)

とのお返事があった。

行成様からの一通目のお手紙は、中宮様の弟君が礼拝までしてお取りになってしまわれた。

二通目と三通目のお手紙は、中宮様がお取りになられた。

さて、三通目のお手紙を頂いた私だが、「逢坂は・・・」のお歌に圧倒されてしまい、お返事を差し上げられないままになってしまった。全く面目ないことだ。

(『枕草子』第百三十段)

ミニコラム⑬：常世長鳴鳥《とこよのながなきどり》

『古事記』によれば、天照大神が天の岩屋戸を閉じ立てて隠れ、世界が闇に包まれたとき、天照大神を外へおびき出すために八百万の神々が鳴かせた。太陽を呼び返す鳥、つまり鶏のことである。

14 病気を治すニワトリ

有馬《ありま》の湯治客《とうじきゃく》が、温泉宿の主人に訊ねた。

「鶏という鳥は、羽をバタバタさせて、『トッテコウ』と鳴くんだよねえ？」

主人曰く、

「お客さん、それは、他所《よそ》の鶏のことですよ。この有馬の鶏は、年がらねんじゅう、羽をカサカサ（瘡瘡）い

わせては、『カッケコウ（脚気効）、カッケコウ（脚気に効あり）』と鳴くんですよ。」

（『醒睡笑《せいすいしょう》』巻之一）

ミニコラム⓮：長く鳴く鶏の品種

俗に「日本三大長鳴鶏《ながなきどり》」として有名なのは、東天紅鶏（高知原産）、声良鶏《こえよしどり》（秋田原産）、唐丸《とうまる》（新潟原産）である。いずれも天然記念物。

15 いたずら好きのニワトリ

上方の噺家《はなしか》泥丹坊堅丸《どろたんぼうかたまる》は、九州方面へ地方巡業に出たが、興行不振で、にっちもさっちもいかなくなり、肥前のとある温泉町の宿屋に転がり込んだ。

ここの主人市兵衛は、なかなかに男気《おとこぎ》のある人物で、堅丸の窮状を見かねて居候させてやっている。

そればかりか、あっちのお座敷、こっちのお祭りと、堅丸の高座まで段取りをつけてくれたので、堅丸にとっては大恩人であった。

さて、ある日のこと、ご城下から、菅沼という侍が、懇意の市兵衛を訪ねて来た。

市兵衛が用向きを訊ねると、菅沼曰く、

「おまえの家には、上方の何とかという噺家が身を寄せていると小耳にはさんだ。そやつに、お城でひと働きしてもらいたいのじゃ。」

「ええ、お城で？　あの堅丸に、お城で噺をしろとおっしゃいますので？　こりゃまたどうして？」

「そちの不審はもっともじゃ。実はのぉ、しばらく前から、姫様におかせられては、気鬱《きうつ》の御病《おんやまい》。藩医の見立てによれば、こ

れは薬では治らん、何か姫様のお気の晴れるようなことをして差し上げたら宜しかろうと・・・。

そこで、姫様の御前で、このあたりでは滅多にお目にかかれない上方の芸人に腕をふるってもらおうというのじゃ。

その堅丸とか申す芸人を、今宵、お城まで連れて参れ。

よいな、しかと申しつけたぞ。」

こう言い残すと、菅沼は帰って行った。

さあ、それからが、大変。

なにせお城からのお召し、お姫様の

御前での高座である。

市兵衛は、堅丸に事情を話し、髪を整えさせ、紋付き袴を着せてやって、言われた刻限に堅丸をお城へ送り届けた。

やがて、菅沼の案内で、堅丸はお城の中へ。

「ここが控えの間《ま》じゃ。準備が整うまで、
ここで待ちおれ」

と通されたのが、大きなお座敷。襖《ふすま》には、名のある絵師の筆になる立派な鶏の絵が・・・。

しばらくすると、お茶・お菓子が運ばれてきた。

それを頂きながら堅丸が一息ついていると、襖の向こうで、サヤサヤと衣擦《きぬず》れの音。そのうち、数人のうら若い女性のささやき声が聞こえてきた。奥女中たちである。

「さあさあ、小菊さん、上方の芸人が控えている鶏の間は、こっちじゃわいなぁ」

「おおそうかえ。以前、上方から来たと申す芸人は、道頓堀の役者とかで、それはそれは、水もしたたるよい男でござりました」

「ええ！　それはまことでございますか、牡丹どの。

ということは、今日、この中におる芸人も、さだめしよい男でござりましょうなぁ。この肥前は鄙《ひな》ゆえに、

城中にろくな男がござりませぬゆえ、いっそう楽しみなことじゃ。

おお、ちょうど、襖のここのところに隙間《すきま》が開いてございます。どうれ、手始めに私がここから中を覗いて、どれだけの美形か、確かめてみましょう。」

こう言って、興味津々《しんしん》でさし覗いた女中であったが、プッと吹き出し、

「これは、これは・・・」

と言葉が続かない。

「どうなさいました?」

と仲間に訊ねられ、

「どうもこうもございませぬ。あんな面白い顔、私、生まれて初めて見ましたぞえ。すり切れた草鞋《わらじ》のような顔じゃ。」

「どうれ、どうれ」

と押しのけるように覗いたもう一人も笑いだし、

「ほんに、おかしな顔じゃ。土瓶の蓋のようじゃ。」

これだけ悪口を言われては、堅丸もじっとしてはいられない。

女中たちは笑い転げているすきに、そっと立ち上がり、襖の内側にへばりついた。

別の女中がまた覗いたが、今度は堅丸の姿が見えない。

皆が不審がって、襖の隙間に近づいてきたのを見計らって、堅丸は、

「べっかぁこ～っ！」

と、大声で脅かしながら顔を突き出した。

女中たちはびっくり仰天。

「きゃ～っ！」

と奇声を上げて逃げ惑《まど》う。

それを追いかけながら、堅丸はなおも、

「べっかぁこ～っ！」

騒ぎはすぐに菅沼の耳に入った。

菅沼は、

「これから姫様の御前に出るという大事な時に、女中どもの尻を追いかけ回すなど、不届き至極。懲らしめのため、夜明けの鶏が鳴くまで、このままの姿でおれ」

と言うが早いか、堅丸を縄でグルグル巻きに縛り上げ、鶏の間に放り込んだ。

ちょっとした悪戯《いたずら》が仇《あだ》となって、思わぬ災難に遭った堅丸。

どんなに身をよじっても、縄目《なわめ》は緩まぬばかりか、時間が経つにつれ、却って身に食い込んでくる。

苦しい息の中で、堅丸は考えた。

「夜明けの鶏が鳴くまで、このままとは・・・。

おお、そうだ！　むかし、唐土《もろこし》の孟嘗君《もうしょうくん》という御方《おかた》は、連れていた者に鶏の鳴き真似をさせ、関守に夜が明けたと錯覚させて、函谷関《かんこくかん》を無事に通り抜けたそうな。よぉし、俺も・・・。」

しかし、悲しいかな、堅丸は、嘶は出来ても、鶏の鳴き真似までは手に余る。

「こうなったら、別の手がある。

おいおい、襖に描かれた鶏さんよ。おまえも名人の筆になる鶏やろ。頼む。俺を助けると思って、ひと声鳴いてくれ。

そしたら、この縄を解いてもらえるんや。どうぞ、鳴いておくれ。」

堅丸が一心に祈りますと、その一念が天に通じたのか、なんと絵の中の鶏が襖から抜け出して、堅丸の前へ。

「こりゃぁ、すごい。さすが名人の描いた鶏や。襖から出て来たやないか。さあ、次は鳴いてくれ。頼む！」

これを聞いた件《くだん》の鶏、バタバタっと羽ばたいたかと思うと、堅丸の方を向き、
「べっかぁこ～っ！」

（落語『べかこ』）

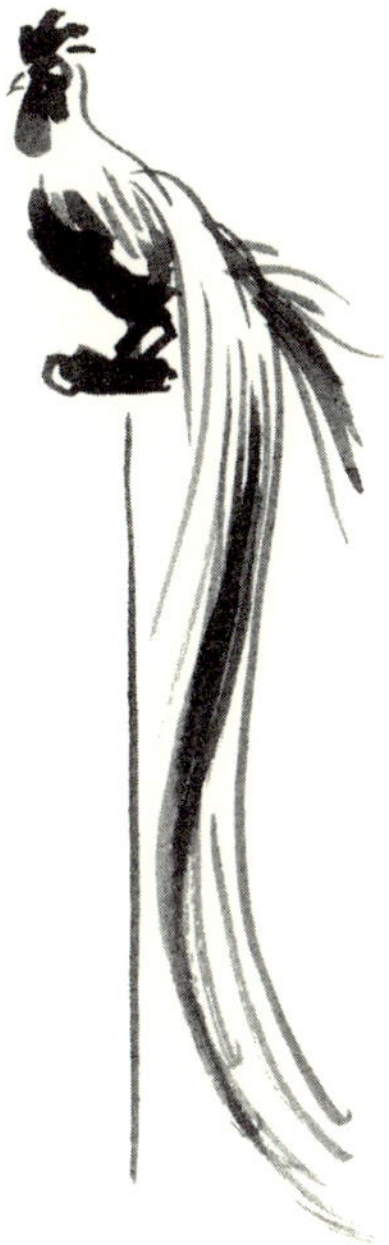

ミニコラム⑮：尾長鶏《おながどり》

オスの尾羽が長くなるように作出された品種で、その長さは時に十数メートルに達する。高知原産で、特別天然記念物に指定されている。高知県南国市には、尾長鶏センターが設置されている。

16 決めかねるニワトリ

ある日のこと。

鳥たちが屋根の上に何羽か集まって、時候のはなし。

鳥山さん「こんにちは、鳥田さん。今日は、肌寒いねえ。」

鳥田さん「ああ、まったくですね。なんだか、背中がゾクゾクしますねえ。」

鳥林さん「そうかなあ、俺は、昨日に比べると、
まだマシだと思うけど・・・。」

鳥田さん「ウーム、そう言われてみれば、鳥林さんの言う通り、それほど寒くはないかも知れない。」

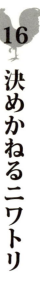

鳥山さん「おいおい、鳥田さん。君はついさっきまで、俺に
『寒い』と言ってたじゃないか。
なのに、鳥林さんに『そうかね？』と言われると、
途端に『たいしたことはないかも・・・』と言い始める・・・。
そんなに自分の意見をコロコロ変えて、
恥ずかしいとは思わないの？」

鳥田さん「まあ、そう怒らないで下さいよ、鳥山さん。

仕方がないんですよ。」

鳥山さん「仕方がないとは、どういう意味だね？」

鳥田さん「だって、私、風見鶏《かざみどり》なもんで・・・。」

（小咄）

ミニコラム⑯：鶏石《にわとりいし》

愛知県豊田市にある奇石。昔、毎朝この石の中から聴こえる鶏鳴を聴こうと、村民たちは皆、早起きした。そして、起きたついでに田畑を余分に耕すうち、気づけば富貴の身になっていた由。

17

まちがわれたニワトリ

むかし、成光《せいこう》という絵師が、閑院《かんいん》（摂関家の邸宅で、平安末期からは天皇の里内裏《さとだいり》になった）の障子に鶏の絵を描いたところ、これを見た鶏が、本物と思いこんで蹴ったという。

ちなみに、この成光は、三井寺の僧 興義《こうぎ》の弟子であった。興

義も絵の名手として知られた。

（『古今著聞集《ここんちょもんじゅう》』巻第十一）

ミニコラム⑰：鶏淵《にわとりぶち》

長野県の清内路川《せいないじがわ》には鶏淵伝説がある。昔、近くの城が落城したとき、殿様が秘蔵の金鶏を淵へ投げこんだ。以来、この淵の岸に立つと、鶏の鳴き声が聞こえるという。

18 思わせぶりなニワトリ

三月ごろ、花山院は、五の宮（昭登《あきなり》親王）、六の宮（清仁《きよひと》親王）を喜ばせようと、鶏合《とりあ》わせの会を催行した。

京じゅうの若者たちが、五の宮側、六の宮側へそれぞれ肩入れして、都の外まで出かけて行っては、互いにののしりあい、大騒ぎとなった。

こうした混乱を知った藤原道長は、院の立場を慮《おもんばか》り、

「万事、身を慎まねばならぬお立場であるのに、これは一体、どうしたことか」

と憂慮したが、そうしたことはお構いなしに、院の内《うち》は浮足立ち、事はますま

す大がかりになっていった。
そして、当日。
左方右方のそれぞれに楽屋が設《しつら》えられ、さまざまな奏楽や舞の準備がなされた。
道長の君達《きんだち》にもお召しがあったので、皆、参上した。
やがて、然るべき殿方も揃い、いよいよ鶏合わせが始まった。
すると、左方の五

の宮の側が立て続けに敗れ、右方の六の宮側が連勝した。

これを見た院は、すっかり拗《す》ねてしまわれた。

伺候していた人々は、顔にこそ出さなかったが、内心では、その様子を微笑ましく思った。


（『栄花物語』巻第八）

ミニコラム⑱：鶏の飛翔能力

「鶏は 屋根へ逃げるが やっとなり」という川柳がある。鶏は鳴き声がけたたましく、羽ばたく音もご大層なのだが、ろくに飛べやしない。屋根の上へあがるのが関の山だ、とからかっている。

19 賢いニワトリ

鳥屋が、鳥たちに餌を与えてまわっていると、中の一羽が言うには、

「旦那さん、あたしには、二人前くださいな。」

「馬鹿を言うんじゃない。なんで、おまえにだけ、

二人前やれるもんかね。」
「でも、二人前頂かないと困るんです。」
「なんでだ？」
「だって、あたし、一羽でも、にわとりですから。」

（小咄）

ミニコラム⑲：なぜ飛ばぬ？

「鶏はうまく飛べないのではなく、わざと飛ばないのだ。それはどうして？」というなぞなぞがある。答えは、「へたに飛んで鳩とまちがえられ、手紙を託されては困るから。」

20 飼われるニワトリ

もしも、鶏をたくさん飼おうというのなら、まず広い庭を確保し、狐・狸・犬・猫が侵入しないように、目の細かい頑丈な垣を張り巡らせること。

それから、鳥屋《とや》の出入口は小さくして、中には鶏が自由にとまれるようなねぐらをたくさん作っておくこと。

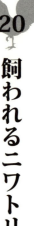

また、わらなども十分に入れておいて、鶏が産卵用の巣を作りやすい状態にしておくこと。

さて、鶏を放す園の一画には、粟《あわ》・黍《きび》・稗《ひえ》などで拵《こしら》えた粥《かゆ》を撒《ま》き、その上を大量の草で覆っておく。しばらくすると、たくさんの蛆《うじ》がわき、それが、鶏の恰好の餌となる。時節によるが、たいていの場合、撒いて二、三日もすれば、蛆がわくだろう。鶏がこの蛆を食べ尽くしてしまうころ、また別の一画に粥を撒いて、同様のことをする。こうした作業を何度も繰り返し、年中、餌となる蛆を絶やさないようにして飼えば、鶏はよく肥え太って、卵をたくさん生むのだ。園を真ん中で二つに区切って、放し飼いにする側と粥を撒く側と、交互に使い分ければよい。

また、実り具合の悪かった雑穀なども大量に蓄えておいて、餌不足が起こらないようにすること。

そうすれば、鶏はたくさん卵を生むし、雛《ひな》の繁殖・成長も順調になる。

このように、養鶏は経営規模が大きければ、非常に利益が上がるものなのだが、それには家屋敷に広い余地が必要だろう。

だから、普通の家では、雄鶏《おんどり》を二羽と雌鳥《めんどり》を四、五羽程度飼うのが、穏当であろう。

ところで、非常に多くの鶏を飼う場合、人間が昼夜分かたず毎張っていても、

狐や猫の襲撃を防ぎきれるものではない。従って、有能な犬を飼い、その犬をよく訓練して番犬とすべきである。

（『農業全書』巻十）

ミニコラム⓴：酉歳生まれの有名人

明治以降の有名人を順不同で挙げると、泉鏡花（作家）、吉田茂（政治家）、北原白秋（詩人）、杉村春子（女優）、金田正一（プロ野球選手）、大竹しのぶ（女優）、武豊（騎手）などなど。

出典一覧

◎『伊勢物語《いせものがたり》』：歌物語。平安中期成立。百二十余の短編から成る。

◎『栄花物語《えいがものがたり》』：歴史物語。十一世紀頃成立。正編三十巻・続編十巻。

◎『古今著聞集《ここんちょもんじゅう》』：説話集。十三世紀半成立。二十巻。

◎『今昔物語集《こんじゃくものがたりしゅう》』：説話集。十二世紀前半の成立か。三十一巻。

◎『沙石集《させきしゅう》』：説話集。十三世紀後半成立。十巻。

◎『醒睡笑《せいすいしょう》』：咄本。十七世紀初頭成立。八巻八冊。

◎『男色大鑑《なんしょくおおかがみ》』：浮世草子。十七世紀末成立。八巻。

◎『日本書紀《にほんしょき》』：歴史書。八世紀初頭成立。三十巻。

◎『農業全書《のうぎょうぜんしょ》』：農書。十七世紀末成立。十一巻。

◎『平家物語《へいけものがたり》』：軍記物語。十三世紀には既に原形が成立。通常は十二巻。

◎『本朝食鑑《ほんちょうしょっかん》』：本草書。十七世紀末成立。十二巻十冊。

◎『枕草子《まくらのそうし》』：随筆集。十一世紀頃の成立か。三巻。

おわりに

歴史と人生を彩るニワトリばなしの数々、いかがでしたか。
「卵が先か、ニワトリが先か」という大論争を追い散らす鶏鳴は、実に魅力的ですよね。

福井栄一の干支シリーズも、本書が11冊目。
十二支（12冊）完結まで、「戌（犬）」の本1冊を残すのみとなりました。

引き続きのご支援、宜しくお願いします。

平成28年12月吉日

我が家の今宵の献立が焼き鳥でないことを祈りつつ

上方文化評論家　福井栄一　拝

著者紹介

福井 栄一（ふくい えいいち）

上方文化評論家。四條畷学園大学看護学部客員教授。京都ノートルダム女子大学人間文化学部 非常勤講師。関西大学社会学部 非常勤講師。

大阪府吹田市出身。京都大学法学部卒。京都大学大学院法学研究科修了。法学修士。

日本の歴史・文化・芸能に関する講演を国内外の各地で行うほか、通算で27冊を超える研究書を出版している。剣道２段。

http://www7a.biglobe.ne.jp/~getsuei99/

卵より先のニワトリばなし　　定価はカバーに表示してあります。

2016 年 12 月 15 日　1 版 1 刷発行　　ISBN978-4-7655-4250-0 C0039

著　　者　福　井　栄　一
発 行 者　長　　滋　彦
発 行 所　技報堂出版株式会社
〒101-0051　東京都千代田区神田神保町1-2-5
電　　話　営　業（03）（5217）0885
　　　　　編　集（03）（5217）0881
　　　　　F　A　X（03）（5217）0886
振替口座　00140-4-10
http://gihodobooks.jp/

日本書籍出版協会会員
自然科学書協会会員
土木・建築書協会会員

Printed in Japan

装幀：田中邦直　イラスト：川名　京　印刷・製本：愛甲社